AF356632

DISCOURS

SUR

LE RÉTABLISSEMENT PUBLIC

DU CULTE,

Et sur la paix générale qui en doit résulter parmi les chrétiens.

Par le cit. OZET, Curé d'Argenteuil, diocèse de Versailles, département de Seine-et-Oise.

A PARIS,

DE L'IMPRIMERIE-LIBRAIRIE CHRÉTIENNE,

RUE DES BERNARDINS.

(AN 10. — 1802.)

DISCOURS

SUR

LE RÉTABLISSEMENT PUBLIC

DU CULTE.

*Surrexit Dominus verè,
alleluia, alleluia. Luc, c.
24, ℣. 34.*

Oui, mes frères, le Seigneur est vraiment ressuscité dans nos cœurs ! Sa grace est descendue sur nous ; il nous présente encore le bonheur en ce monde, et nous attend dans le séjour de l'éternité, pour récompenser cette vie pénible que l'ennemi général du genre humain s'étoit plu à nous faire passer dans les larmes et la douleur, pendant dix années et plus.

Réjouissons-nous donc ! tous nos maux sont disparus ; une vie nouvelle s'ouvre devant nous. Le Dieu des armées et des combats l'a sanctifiée : le tems des épreuves est fini ; jouissons de sa bonté ; exaltons sa miséricorde, et que la confiance en la grandeur de ses œuvres s'établisse à jamais dans nos pensées. Ne voyons plus qu'en lui ; que Jésus-Christ, notre divin Rédempteur, soit désormais notre seul soutien , notre oracle : n'écoutons plus que sa parole ; que Satan et sa terrestre philosophie s'anéantissent à jamais.

Et vous , ô Vierge sainte ! ne nous refusez pas votre intercession.

Le Père des miséricordes a daigné retirer sa main de justice qui pesoit sur nos têtes : intercedez auprès de l'Esprit-Saint pour qu'il nous maintienne dans l'amour de notre auguste religion ; et qu'aucune passion humaine ne puisse plus jamais nous en écarter.

Je vais vous développer dans ce discours,

1.º La manifestation du Seigneur: *Surrexit Dominus verè, alleluia, alleluia ;*

2.º La paix qui doit en résulter : *Pax vobis ;*

3.º Les effets de la puissance de Jésus-Christ, contre laquelle nulle autre ne peut tenïr : *Palpate et videte.*

O puissante mère de Dieu ! comment m'acquiterai-je dignement de ce devoir, si vous n'écoutez la prière que nous allons tous vous adresser pour m'obtenir les lumières que demande un si auguste sujet ?

AVE MARIA.

PREMIÈRE PARTIE.

Surrexit Dominus verè,
alleluia, alleluia.

QUAND Dieu cesse d'étendre sa main sur son peuple, que devient-il ? L'union des fidèles s'évanouit, le doute et l'incertitude chassent la morale évangélique, l'entêtement ou la dispute s'empare de l'esprit, et la discorde suggérant des opinions différentes au cœur de chaque chrétien, forme à l'instant d'une nation de frères, autant d'ennemis qu'il y a d'individus ; et cette terre, d'où partoit chaque jour un concert de louanges, de vœux et de prières adressées à l'éternel, ne représente plus que le tableau des maux que souffre l'ame des reprouvés.

Nous avions abandonné la raison de Jésus-Christ, pour nous livrer à la raison erronée des hommes ; nous écoutions les sages du siècle, et le sage de l'éternité ne nous pénétroit plus de sa divine parole ; nous soupirions après des nouveautés, et les anciens usages de nos pères étoient méprisés. Enfin, Jésus-Christ, sa vénérable mère, les anges et les saints étoient devenus pour quelques-uns

3

d'entre les hommes, des sujets de doute et de raillerie ; et non contents de se jouer des dogmes les plus sacrés, ils portoient l'extravagance jusqu'à douter de l'existence de l'éternel.

Nos sages du jour sentirent enfin le ridicule du doute jetté sur le plus grand des êtres, et se représentèrent la conséquence qui en étoit la suite, relativement à l'immortalité de l'ame ; ils virent combien ils étoient imprudens de laisser le crime secret et impuni dans cette vie, sans recevoir de châtiment dans la vie à venir. Ce fut alors qu'ils se décidèrent à publier deux principes qu'ils voulurent bien reconnoître comme le soutien de toute nation civilisée ; d'abord l'*immortalité de l'ame*, et ensuite l'*existence de Dieu* : ces principes furent proclamés dans les carrefours, écrits sur le frontispice des temples, et peints sur nos murs.

Hélas ! qu'avoit besoin le créateur et le conservateur général de tous les êtres, de ce témoignage d'hommes égarés, que la religion ne soutenoit plus ? Cette folle peinture, qui surchargeoit nos murailles, et non le cœur de ces prétendus sages, rendoit-elle Dieu plus ou moins existant ? faisoit-elle que l'ame subsistât ou non, après la dissolution du corps ?

enfin, la nature elle-même en étoit-elle retardée ou accélérée dans son cours ? Non, non, mes frères ; Dieu continuoit à dicter ses lois, et le monde continuoit d'obéir à ses décrets éternels.

Dieu dut considérer ces sages éphémères, comme nous regarderions une assemblée d'aveugles qui nieroit la présence du soleil, parce que leur organe visuel ne pourroit le voir : il auroit pardonné ce doute injurieux aux travaux de la création universelle, s'il ne fût émané que d'une ignorance causée par l'imperfection de leur vue ; mais le cœur de ces hommes ne se contentant pas de douter, que dis-je ! de ne pas croire en Dieu, ces prétendus athées voulurent encore exiger que tous les hommes, jusqu'aux fidèles mêmes, renonçassent à la sincérité de leur créance, pour se livrer avec eux à l'incertitude. Alors ils méritèrent d'être punis ; alors Dieu leur retira sa grace pour les livrer à eux-mêmes : il la suspendit pareillement sur tous les chrétiens qui, en méprisant les vœux de leur baptême, l'efficacité des autres sacremens ; renonçant à toutes ces salutaires instructions de leur enfance, enfin, à leur propre conviction, désertèrent le temple de l'agneau sans tache pour aller danser et chanter, comme

4

des insensés, autour d'un autel sans ministre.

Quel fut le fruit de cette conduite vagabonde? combien il a été amer à quelques-uns d'entre vous! Du moment qu'un chrétien s'est permis de douter, il n'a plus su dans quelle voie marcher: la persuasion consolatrice de la religion n'est plus venue le soulager dans ses peines: la mort même ne lui a plus présenté que le néant de sa propre existence; et, comme la plus simple herbe des champs, qu'une saison voit naître, croître et mourir, il s'est vu rayer sans retour du livre de la vie bienheureuse.

Il est vrai que la plupart des chrétiens, arrivant à ce terme fatal qui nous fait paroître devant le juge formidable dont la balance pèse impartialement nos bonnes et nos mauvaises actions, sentent alors le cri terrible de leur conscience, et se désabusent à l'instant des erreurs d'une philosophie mensongère, pour ne plus s'occuper que du grand acte d'une contrition parfaite, et par-là parviennent à sauver leur ame d'une entière réprobation; et ce nombre est peut-être plus grand qu'on ne pense: car l'homme qui, à sa dernière heure, ne peut plus s'entretenir avec ses semblables, et qui ne nous paroît agité que par la douleur, avant-coureur de l'instant où il va expirer, est peut-être en ce moment, plus agité que jamais du soin de son salut. Ses souffrances seules se manifestent à nos yeux : quant à lui, ses convulsions ont sans doute plusieurs objets : tantôt la douleur, car elle paroît inséparable de cet effrayant passage ; tantôt le remords, ensuite l'abandon à la miséricorde divine ; et enfin, la détestation pleine et entière du crime, le rappel à la religion, la ferme résolution d'une vie toute chrétienne, si cet infortuné étoit rappelé à la vie. Alors, alors Dieu tout bon, tout miséricordieux, Jésus-Christ, notre éternel défenseur, ordonnent à l'ange de la mort de séparer des réprouvés, ce chrétien qu'un repentir tardif, sans doute, mais enfin sincère, vient de sauver d'une damnation éternelle ; car, ainsi que quand la raison humaine livre nos pensées au désespoir, la religion les soutient encore par l'espérance.

Tel est le tableau des malheurs qu'éprouvent infailliblement ceux qui osent se détourner du sentier de la religion : dix années de peines et de souffrances nous en ont donné l'expérience.

Mais tandis que d'une extrémité de la France à l'autre, des hommes perfides nous détournoient de Jésus-Christ, y employoient

5

la force en dispersant les ministres du Seigneur, en fermant les temples, ou livrant
leurs saints édifices à des usages profanes; nous
pénétrés de l'amour de Dieu et de la religion,
nous n'avons presque pas cessé de rendre
hommage à l'éternel, en célébrant le saint-
sacrifice, ou en y assistant : là, dans nos ex-
hortations, nous nous entretenions les uns les
autres, dans la nécessité de respecter les lois
de notre pays, de les observer avec zèle, de
payer les impôts avec célérité : enfin, nous
ne nous occupions que du bien de notre
pays ; et si, comme auparavant, nous ne pou-
vions plus observer la pompe et la majesté
qui, pendant tant de siècles, avoient accom-
pagné notre culte, au moins la ferveur de
notre amour pour Dieu, en étoit plus con-
centrée et plus profonde. Ce que nous fai-
sions dans notre pays, se répétoit dans une
grande partie de la France ; et si Dieu voyoit
ses autels désertés par des hommes égarés, il
se complaisoit dans le nombre des chrétiens
qui lui étoient restés fidèles, et qui venoient
l'implorer dans son temple.

Mais un autre Moyse est enfin venu à notre secours. Capitaine heureux, brave sans
témérité, renfermant dans sa tête toute la
force du génie, rigoureux observateur des

convenances dans les immenses pays qu'il a parcourus, respectant toutes les opinions religieuses puisqu'elles ont pour but l'amour de Dieu, savant dans la science du passé, pénétrant dans celle de l'avenir, attirant le respect et l'amour dans sa personne, législateur refléchi, ferme dans la constance de ses volontés ; ce Moyse, aussi profond que l'autre, mais à la tête d'un plus grand peuple, précédé par la crainte et suivi de la victoire, a mis enfin un terme à nos douleurs : il a vaincu pour affermir l'empire de Jésus-Christ ; il a rappelé les ministres du Seigneur dispersés, il les a ramenés au pied des autels, il a voulu que des fleurs couronnassent leurs têtes, et que les louanges du Seigneur fussent comme auparavant chantées hors et dedans nos temples ; enfin, par lui, le culte saint est vraiment ressuscité. Que des chants d'allégresse et de touchans cantiques fassent retentir ces voûtes, puisque c'est à présent que nous pouvons dire avec vérité : *Surrexit Dominus verè !*

Jour sublime de la manifestation du Christ ! ne soyez pas seulement gravé dans notre mémoire : faites encore ensorte, mes frères, que les enfans de vos enfans en soient aussi pénétrés que nous ; car, de cette vérité résultera

6

toujours l'affermissement du culte de Dieu, la tranquillité et l'union entre tous les fidèles: je dis plus; il en résultera encore la paix intérieure.

DEUXIÈME PARTIE.

Ingressus Dominus....
dixit eis : Pax vobis.

Du levant au couchant, du nord au midi, nulle contrée de l'Europe n'étoit exempte du terrible fléau de la guerre. Par-tout le fer et la flamme abattoient les mortels, comme la faulx moissonne les champs de bleds ; ce n'étoit que pillage, dévastation : le vieillard voyoit les soutiens de sa vieillesse étendus sur la terre, avant le tems marqué par les années ; la mère voyoit sa fille égorgée à ses yeux, après avoir été déshonorée par des brigands que les braves et honnêtes militaires repousseront toujours de leurs rangs ; et tous ces maux venoient de ce que notre divin Sauveur ne nous couvroit plus de sa croix, de cet égide qui résiste à tous les assauts humains, quand le chrétien sait y mettre sa confiance. Mais dès que ce tendre Rédempteur étend sa main et jette sur ses enfans un nouveau regard de bonté, la flamme s'éteint, le fer perd sa forme meurtrière et se convertit en instrument aratoire ; l'airain cesse de tonner, les hommes de se haïr ; tout rentre

7

dans l'ordre, et la paix vient habiter parmi nous.

Effet tout-puissant de votre grace, ô mon Dieu! Quand vos enfans méritent que vous la retiriez, ils deviennent plus méchans que des loups et des tigres; ils se dévorent entre eux: ne la leur avez-vous pas plutôt rendue, la mer des passions se calme, les haînes disparoissent, et le saint amour de la religion et de nos semblables s'empare de nos cœurs; le repos dont jouissent les bienheureux devient enfin notre partage.

Rien n'est plus vrai, mes frères;

De même qu'après sa résurrection, J.-C. entre, les portes fermées, dans le lieu où étoient assemblés ses disciples, et qu'il leur dit : la paix soit avec vous, *pax vobis;* de même cet excellent réparateur du péché originel, veut bien entrer en nous, quoique la porte de notre cœur soit peut-être encore fermée.

Ah! puisque sa bonté le ramène, après que nos péchés l'avoient tenu si long-tems éloigné, mettons toute notre application à bien conserver ce divin Sauveur : et vous, ô Dieu fait homme! qui avez participé aux souffrances de l'humanité, sans que la grandeur de votre esprit en ait pu jamais être altérée, accordez-nous la grace de bien profiter de cette paix

générale que vous rendez à l'univers ; faites
que quand le tentateur voudra nous détourner du chemin de notre salut, nous puissions
sur-le-champ, prosternés aux pieds de vos
saints autels, reprendre cette force, ce cou-
rage qui nous font résister à toutes les insti-
gations du démon.

Maintenir la paix en nous n'est plus maintenant si difficile à faire, que lorsque la guerre
exerçoit son empire. Ce fléau répand sur les
hommes une sorte de vaillance qui tient à la
férocité, puisque le soldat n'est évidemment
sous les armes que pour repousser, par la force,
son ennemi, et s'en défaire ; et quelles victoires
ne sont jamais que le résultat de combinaisons
guerrières, où les chefs ont pour objet de détruire le plus d'hommes de leurs ennemis qu'ils
pourront, en conservant des leurs le plus qu'ils
leur sera possible : d'un autre côté, les opinions politiques agitent les citoyens qui restent
au sein des villes ; et souvent, sans pouvoir bien
comprendre la raison des gouvernemens qui
leur mettent les armes à la main, ces citoyens ne
laissent pas que d'épouser une opinion, comme
si les chefs du parti étoient venus leur expli-
quer les motifs qui les y attachent. Ainsi, sans
entendre la question, la plupart des citoyens
ne laissent pas que de manifester avec chaleur,

avec emportement , et même quelquefois en se permettant des crimes, l'opinion qu'ils ont embrassée.

Dans ce conflict terrible d'hommes en armes qui se heurtent, d'opinions qui se croisent, toutes les familles sont atteintes de ces mouvemens : personne ne veut céder ; et dans chaque condition il y a une opposition qui nous repousse les uns des autres, comme si nous étions étrangers ; et sans le saint amour de la patrie qui nous rallie toujours, le peuple le plus civilisé vivroit à la manière du peuple le plus sauvage : ce n'est que cet amour seul qui nous en distingue.

C'est donc avec raison, mes frères, que je vous observe qu'en tems de troubles ou de guerres, la paix est infiniment difficile à maintenir dans les familles, puisque les opinions publiques s'emparent des opinions particulières.

Mais quand le tout-puissant commande aux flots irrités des passions de se calmer, à l'instant nos cœurs gonflés par l'orgueil, la haine, ou la vengeance, reprennent leurs formes primitives ; nos idées s'écoulent sans précipitation ; nous jugeons mieux de ce que nous voyons ou nous entendons ; nul objet de dis-

pute ou de division ne se présente à nous :
nous éprouvons enfin le précieux bienfait de
la paix ; et nous pouvons dire, comme autre-
fois les apôtres : Jésus-Christ s'est trouvé au
milieu de nous.... et nous a dit, que la paix
soit avec vous, *Pax vobis.*

Vous la sentez déjà, heureux habitans de
cette commune. Dans le dernier discours que
je vous adressai, je vous ai parlé des effets de
la paix pour le bonheur extérieur; mais dans
celui-ci, je veux vous entretenir de ses effets
intérieurs.

Vous gémissiez tous de ne pouvoir pas suivre
ouvertement les usages religieux de vos pères :
aujourd'hui, en ne sortant pas des justes bornes
qui séparent le citoyen politique du citoyen religieux, vous avez toute liberté pour vaquer
aux affaires de votre salut ; vous pouvez, sans
manquer aux devoirs de citoyen, vous pros-
terner aux pieds des autels, et demander à
Dieu toutes les graces qui vous seront néces-
saires pour régler votre conduite et celle de
vos familles. Le rire insultant de l'homme qui
fait semblant de ne croire à rien de ce que
nous avons toujours respecté depuis l'origine
de notre sainte religion, ne viendra plus vous
humilier, quand à genoux et la face contre

ferre, vous adresserez vos vœux au père des miséricordes. Comme aussi, quel que soit celui des autres , du moment que vous voyez un homme priant Dieu à sa manière, respectez son usage, en faveur du motif qui le dirige ; et quoiqu'il soit de foi que , hors l'église il n'y a pas de salut , ne vous érigez pas juge entre Dieu et l'homme qui le prie autrement que vous : si vous voulez qu'on ne vous trouble pas dans l'exercice de votre culte, soyez attentifs à ne troubler qui que ce soit dans le sien. Il est cependant un moyen de contraindre les hommes à professer notre sainte religion ; c'est d'en suivre les préceptes avec tant de ferveur, qu'ils ne puissent douter que vous ne soyez dans la route qui conduit à l'éternité bienheureuse. Alors , s'ils s'adressent à vous pour les y faire marcher, c'est un devoir de les aider : mais que vous soyez assez intolérans pour exiger qu'ils vous suivent, c'est tyrannie ; et cette passion ne marche jamais avec le vrai chrétien.

C'est donc par cette tolérance réciproque que se maintiendra la paix intérieure ; car la conscience de ce qu'on croit est de tous les liens le plus fort ; nul ne peut s'en dégager. On peut le feindre , s'il est nécessaire ; mais on ne peut abjurer ce qu'on croit réellement.

Comme de toutes les religions, ils est constant qu'il n'y a que la religion chrétienne qui soit vraiment la plus parfaite, celui qui en professe une autre, et qui devient comme saint Paul appelé par la grace; celui-là, dis-je, pour effacer les erreurs de sa conscience et acquérir une nouvelle conviction, est obligé d'étudier, de méditer sur ses nouveaux engagemens : et alors sa conscience, qui voguoit comme un homme ivre, dans le large chemin des erreurs et des mensonges, ne suit plus que le chemin étroit qui conduit à la céleste Jérusalem.

La paix intérieure se trouve encore dans la succession suivie et non interrompue des bonnes actions. Prévenir des querelles, les appaiser; éviter les faux rapports ou les rapports dangereux; ne point mettre d'orgueil à soutenir une mauvaise proposition; passer à l'instant condamnation sur les torts qu'on peut avoir, être indulgent pour ceux d'autrui, reprendre avec douceur, corriger avec bonté, éviter la malignité humaine en parlant d'autrui; craindre de donner prise à la censure sur soi, en s'observant dans ses paroles, dans ses actions : tels sont les devoirs du chrétien qui veut toujours bien vivre avec lui-même et avec les autres. Que dis-je! les devoirs du chrétien sont ceux de l'honnête homme , quelque religion qu'il professe ; mais le chrétien y est plus obligé que tout autre , puisque la morale évangélique est la raison perfectionnée par notre divin rédempteur , et que nous avons juré , à notre baptême , d'en observer rigoureusement tous les préceptes.

Ces devoirs sont communs à la mère de famille , comme au chef de sa maison : cette commune en renferme qui sont l'édification de tous. On connoît que ces devoirs sont observés , à l'union qui règne entre les époux , leurs enfans, et leurs domestiques : nulle confusion ne se présente dans la maison , chaque chose y est faite en son tems , la douce gaieté et l'humble modestie embellissent toutes les figures : les voisins trouvent en eux des amis sincères ; le pauvre n'y est repoussé par personne ; l'indigent y est soulagé ; le malade y reçoit des secours ; les jeux innocens et les doux plaisirs s'y montrent par-tout. De si respectables familles ne renferment-t-elle pas la paix intérieure ? Et vous , mes frères , qui n'avez pu suivre un modèle aussi parfait pour la tranquillité de votre maison , ne voudriez-vous pas avoir pratiqué tous ces devoirs , afin d'en cueillir un fruit aussi doux , et dire comme ces vénérables époux : Jésus s'est trouvé au milieu de nous, et nous a dit ; que la paix soit avec vous, *Pax vobis.*

Mais avançons, et considérons encore les effets de la puissance de Jésus-Christ.

TROISIÈME PARTIE.

Palpate et videte.

VOYEZ et touchez ; ainsi s'exprime la toute-puissance : elle fait l'œuvre du retour de la religion à sa première splendeur, à sa simplicité, à sa pureté primitive ; et elle dit aux fidèles observateurs de la religion chrétienne, *Palpate et videte.*

En effet, qui pourra maintenant douter, comme saint Thomas, du retour glorieux du Christ, et qui pourra dire : si je ne vois le trou des clous dans ses mains et dans ses pieds, je ne croirai pas, *non credam.* Ah ? mes frères, l'évidence est trop forte pour s'y refuser : il faut y croire ; il faut admirer une merveille de notre divin maître, pour l'ajouter à toutes les autres dont nos regards sont sans cesse frappés : il y a trois ans, se trouvoit-il aucun de nous qui pût croire à un si prochain retour ?

Nous soupirions tous pour le voir arriver ; ministres, fidèles, tous le desiroient ardemment ? Mais ce jour si mémorable sembloit réservé à d'autres générations ; et nous allions nous voir, pour ainsi dire, comme les hébreux, assujétis à attendre la nouvelle venue d'un libérateur.

Qui a donc produit un si grand changement? ce ne peut être que Dieu même. Mais le plus illustre d'entre les hommes a été chargé de cette honorable mission : il n'a pas eu l'orgueil de se mettre au rang de la divinité ; et en vertu du pouvoir fragile qu'il auroit adopté, de vouloir que sa propre volonté soit faite. Non ; c'est en consultant les ministres du Seigneur, c'est en relevant le trône de saint Pierre, et en replaçant le dernier des élus sur sa chaire, en se concertant avec lui, que cet étonnant législateur a voulu réparer tous les maux du sanctuaire.

Vous savez, mes frères, qu'en feuilletant les pages de l'histoire, l'homme prudent apprend à se diriger et à gouverner les autres. Aussi, comme Crésus, notre premier consul n'a pas mis sa confiance dans les richesses ; n'est-ce pas le Seigneur qui tient tous les trésors dans sa main ? Il ne l'a pas placée dans les armes ; Cyrus n'a-t-il pas péri au faîte de la gloire ? Il s'est bien gardé de croire que sa volonté dût être la loi constante des peuples ; Alexandre n'a-t-il pas bu la coupe que lui présentoit Perdiccas ? Il a encore eu moins le funeste orgueil de vouloir être au-dessus des puissances de la terre ; César courant à l'apothéose de son vivant, n'a-t-il pas rencontré des assassins, et la mort au capitole ? Non, non, ce n'est pas ainsi que s'est conduit ce grand homme : lui qui pouvoit, plus que tout autre, s'en fier à son seul génie, a cru cependant devoir consulter. Dès qu'il s'est agi des intérêts de la grande nation, il s'est à l'instant environné des sages qu'elle contenoit : mais quand il s'est agi des intérêts de Dieu, et de rétablir son culte, il a interrogé tous les saints, et les hommes de bien qui couvrent la surface de la terre ; il a voulu marcher, la sonde à la main, pour que le vaisseau de la république n'échouât pas au bord du rivage. Aussi, quel concert unanime s'est fait entendre pour approuver sa conduite ! Et si dans ce moment, il trouve quelques improbateurs, c'est parce que le rappel de la religion à son antique splendeur, contrarie leur goût ou leur intérêt ; ou que, peu instruits des principes d'un gouvernement solide, ils ne voient pas avec la rectitude que de plus amples connoissances en ce genre leur donneroient.

Aussi me permettrai-je de dire dans cette chaire où il ne doit être uniquement question que de ce qui a rapport à la religion, qu'il seroit pourtant utile de jetter les yeux, dès

notre enfance, sur les élémens de la science
de gouverner, afin d'en avoir une idée assez
nette dans les familles pour être à même de
justifier les gouvernans dans les mesures,
même quelquefois sévères, qu'ils sont obligés
de prendre pour l'intérêt des gouvernés : et
alors les derniers ne se plaindroient pas plus
qu'on ne fait d'un chirurgien qui, pour rendre
la santé au corps, ne craint pas d'abord de
vous assujétir à des breuvages amers, et quelquefois même à des opérations douloureuses;
et comme vous approuvez la conduite de cet
homme, en qui vous avez mis votre confiance
pour le rétablissement de votre santé, de même
aussi vous approuveriez les chefs de notre
gouvernement, loin de vous plaindre de leur
sévérité, parce que vous entreverriez les rai-
sons qui les y obligent.

Mais, mes frères, je ne puis quitter les
louanges que mérite notre admirable conservateur. Placé avec David, Salomon, Cons-
tantin et même Charlemagne, je vois l'église
l'appeler son très-cher fils, et l'adopter d'a-
vance comme un des grands hommes qu'elle
doit honorer, et dont la conduite dans mille
occurences, sera présentée pour être opposée
en quelque sorte, aux perturbateurs nouveaux
que le fleuve des siècles peut amener parmi

les générations futures ; car, pour la nôtre, elle a été trop éprouvée, et elle a trop de graces à rendre, pour oser jamais sortir du repos où elle vient de rentrer.

Pour nous, ministres des autels, restons toujours unis pour conduire par un même sentier le troupeau qui nous sera confié ; veillons sur notre vie ; que nos jours ne coulent que dans l'édification de nos semblables, et les bonnes actions ; sacrifions-nous pour le bien de notre troupeau ; soyons toujours prêts à servir l'humanité, et à consoler le chrétien à sa dernière heure ; travaillons enfin, pour l'utilité de nos semblables, et méritons que notre vieillesse soit respectée de tous, et que long-tems après que nous serons entrés dans le sein de l'éternité, les fidèles qui nous auront connu, aiment encore à bénir notre mémoire.

Demeurons inviolablement unis au successeur de saint Pierre : qu'il ne voie dans les chrétiens français que des enfans obéissans dans tout ce qui ne sera pas contraire aux libertés de l'église gallicane et au gouvernement français ; soyons aussi ses très-chers fils, comme notre législateur, et marchons d'un même pas avec lui dans la voie du salut.

Oh ! que bienheureuse doit être la vieillesse d'un homme qui a tout fait pour notre prospérité ! Soit qu'il rentre dans la vie privée, soit qu'il soit forcé, pour porter le gouvernement français à sa perfection, de continuer le pénible exercice de nous conduire encore, qui de nous pourra le regarder sans éprouver un vif respect pour un des généreux bienfaiteurs de l'espèce humaine ?

Ainsi furent comblés de gloire David et Salomon : l'un médita l'édification du temple, le second le fit construire et y renferma l'arche d'alliance. Le bras de notre très-vaillant capitaine vient de relever les colonnes du sanctuaire abattues par l'ignorance et la férocité ; gloire lui soit rendue devant le Seigneur, et que de longues années lui soient accordées pour jouir long-tems d'un si sublime ouvrage.

Je crois, mes frères, m'être acquitté dans ce discours de ce que j'avois promis en commençant.

Et d'abord, je vous ai prouvé qu'envain l'homme se propose de détruire l'œuvre de Dieu ; il est trop foible pour résister à sa volonté.

Je vous ai montré ensuite comme de la

paix générale découloit nécessairement la paix intérieure des familles.

Enfin, je vous ai exposé comment, par la puissance de Dieu, malgré les prétendus sages de la terre, notre sainte religion a repris son premier empire, avec cette pureté, cette simplicité que nous admirons tous dans les premiers siècles de l'église.

J'ai cru de mon devoir, ô mon Dieu! d'esquisser en votre adorable présence, le panégyrique du législateur que vous nous avez donné: il ne m'a pas semblé que pour parler d'un homme célèbre par tant de vertus, il fallût attendre que le cours des siècles ait consacré sa mémoire. Différens endroits de l'Ecriture-Sainte prouvent que vous avez souvent pris plaisir à nommer l'homme vivant selon votre cœur; nous, vos ministres, ne pouvons-nous pas nous entretenir aux pieds des autels de nos sages consuls, de leurs dignes collaborateurs? Ne devons-nous pas des prières pour la conservation du souverain pontife, et celle du vertueux prélat qui le remplace si dignement parmi nous; et gloire à tous deux ne doit-elle pas être rendue?

O mon Dieu! sans doute les chrétiens de notre nation étoient bien coupables, puisque pendant dix ans vous avez appesanti sur eux votre bras ! Que de graces à vous rendre maintenant qu'ils ont été éprouvés si long-tems, puisque vous daignez encore vous souvenir des fidèles observateurs de votre loi ! Après avoir tenu sous le boisseau votre lumière, vous daignez la découvrir et la manifester de nouveau.

O saint évangile ! divine lumière de l'Esprit-Saint, nous ne vous perdrons plus. Dieu de miséricorde ! faites que notre premier consul, et tous ceux qui l'ont aidé dans le grand travail du rappel de la splendeur de la religion, trouvent leur récompense en jouissant de leur ouvrage pendant les plus longs jours : unissez, ô mon Dieu ! de cœur et d'esprit tous les ministres des autels ; que toute dissension, toute discussion cessent entr'eux ; qu'ils réunissent de concert leurs efforts pour ramener à votre adorable lumière, nos frères égarés.

Conservez-nous cette paix intérieure, fruit de la paix politique et générale que nous devons au vaillant que nous avons reçu de vous.

Et vous, ô vierge sainte, esprits célestes et bienheureux ! portez au pied du trône de la souveraine majesté, nos regrets pour la perte de ces braves chrétiens qui ont soutenu la cause de la patrie et de la religion.

Et nous, mes frères, ne cessons d'observer les préceptes de la saine morale : vivons dans la plus parfaite union en ce monde, afin de n'être jamais séparés dans l'éternité bienheureuse. *Amen.*